Vamos a pescar

Sally Vargas

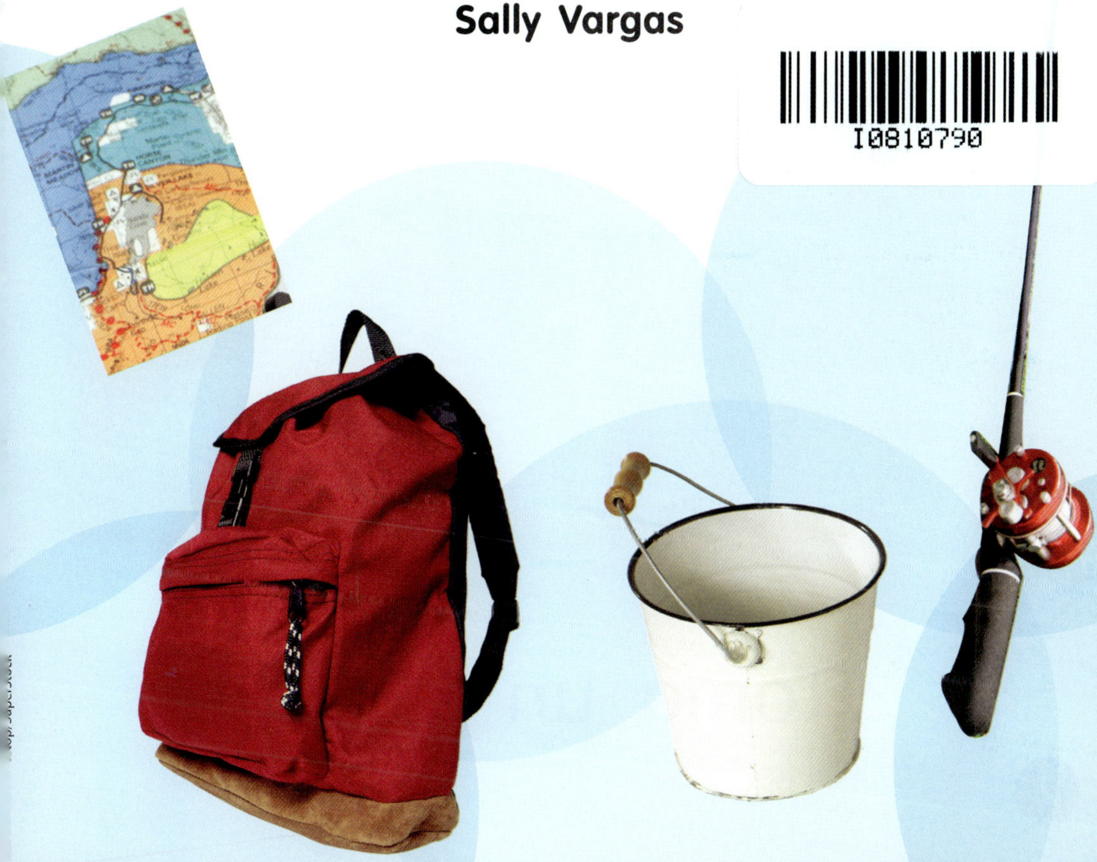

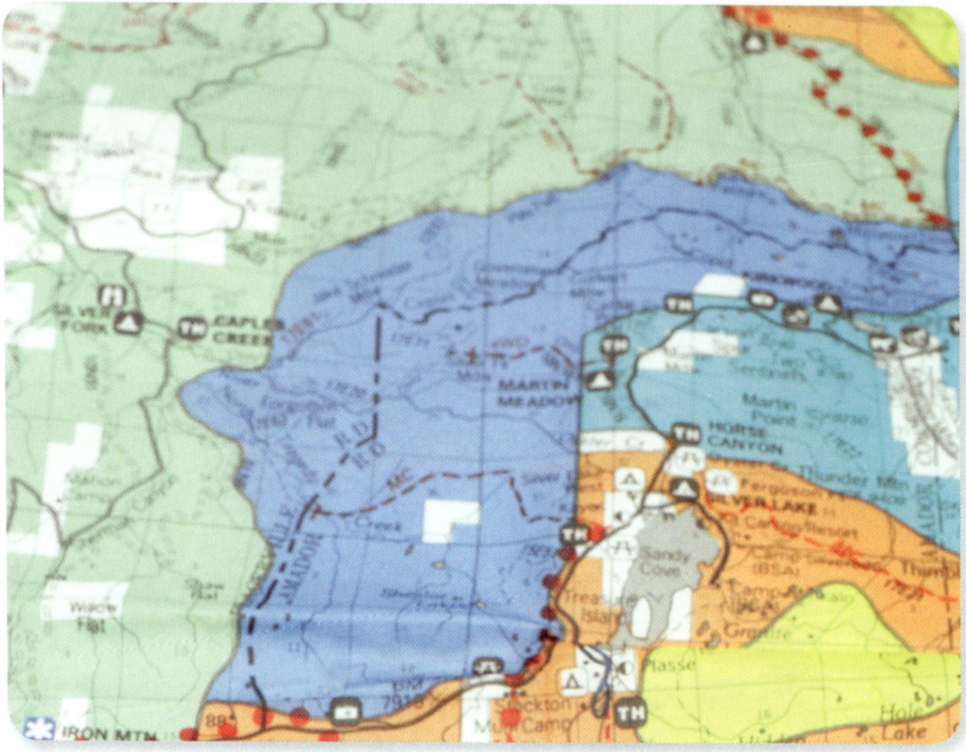

Toma un 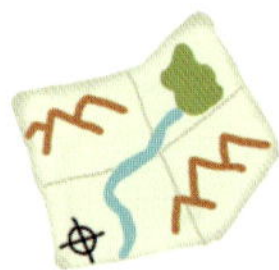 .

mapa

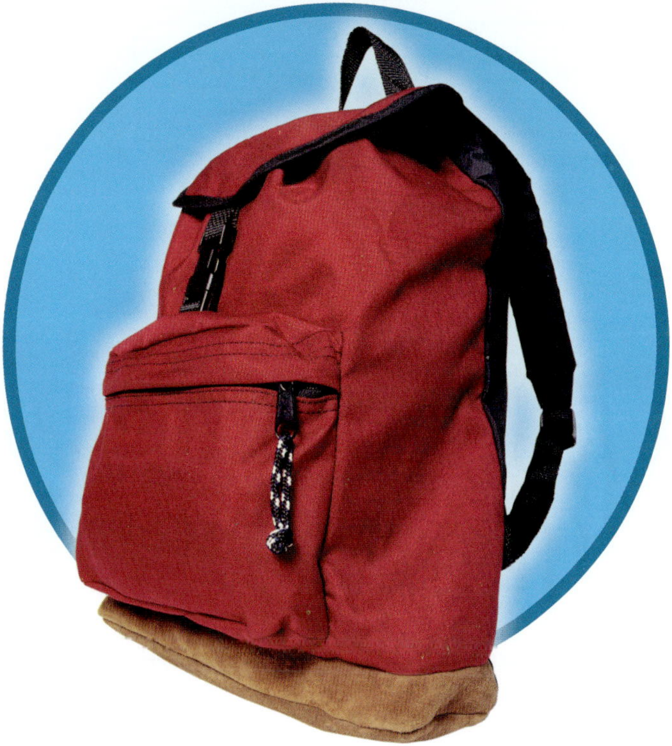

Toma la 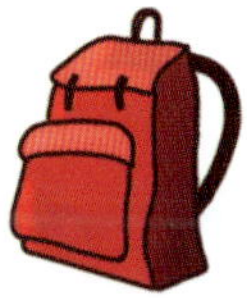 .
mochila

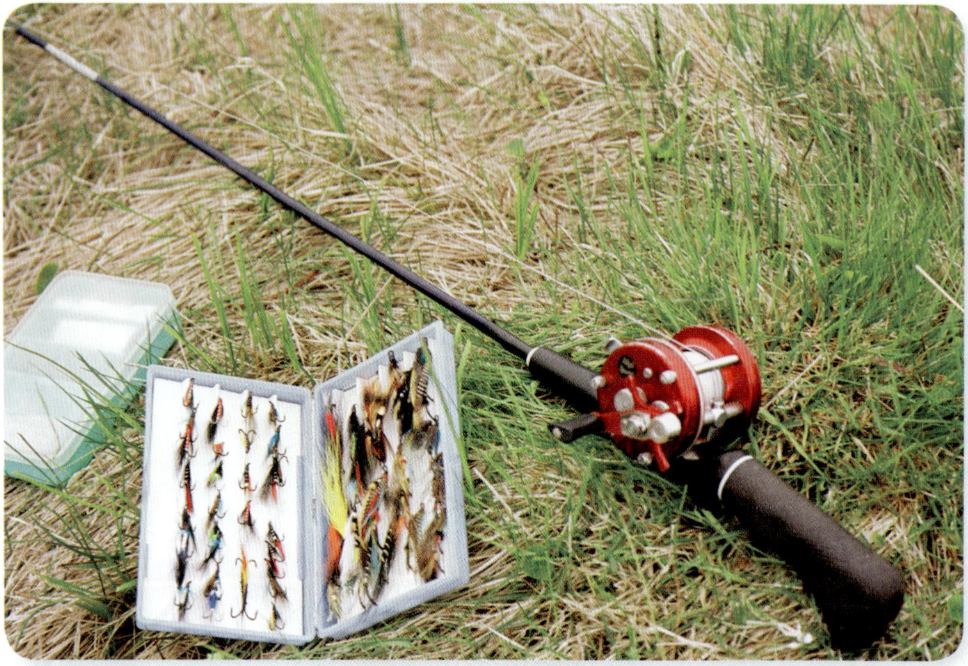

Toma la 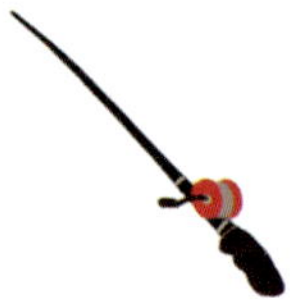 .

caña

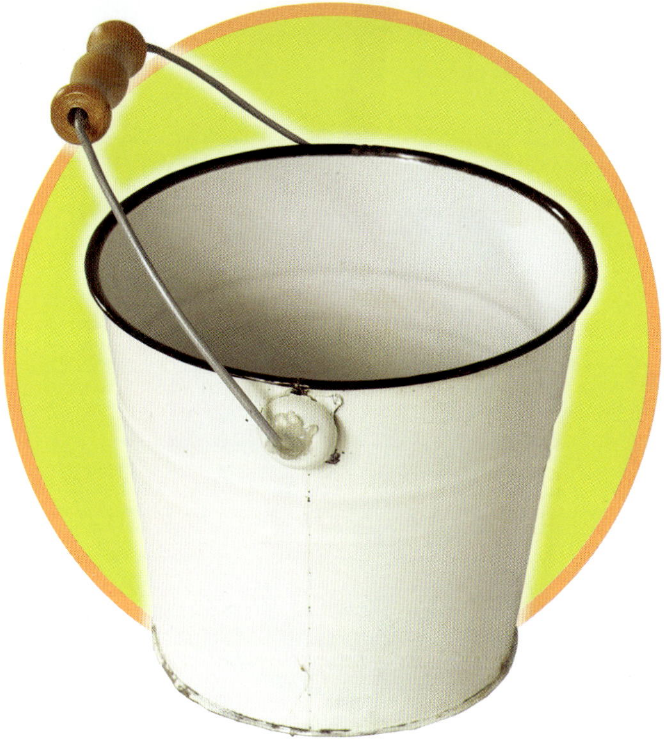

Toma la 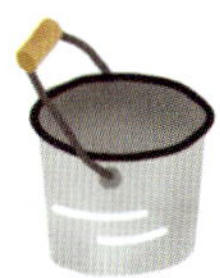 .

cubeta

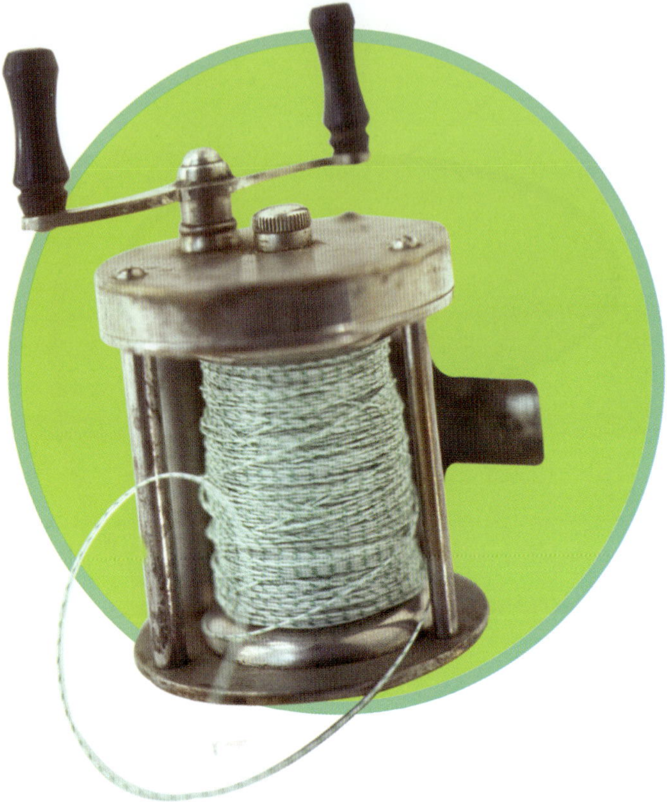

Toma un 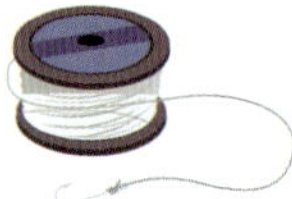 .

hilo

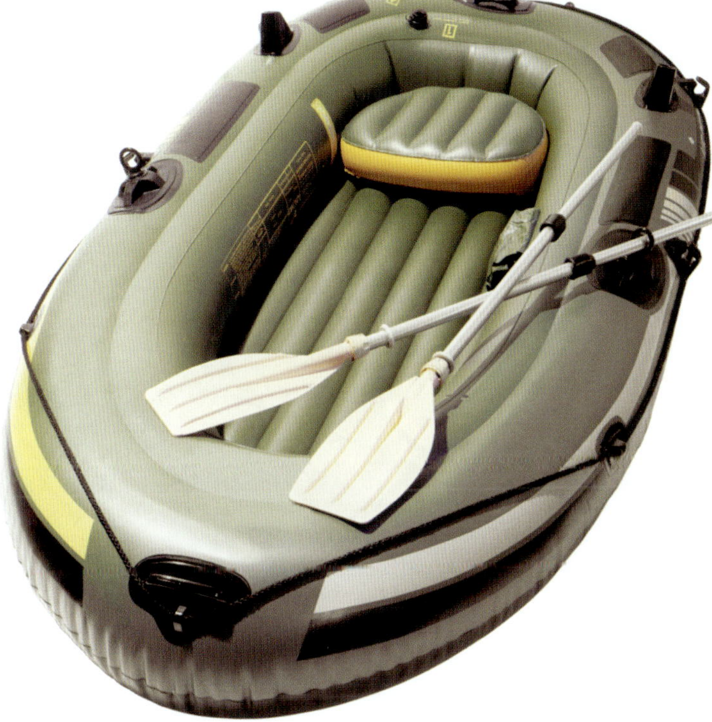

Toma la 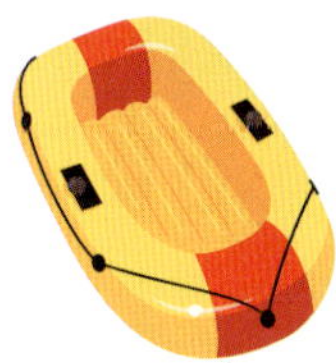 .

lancha

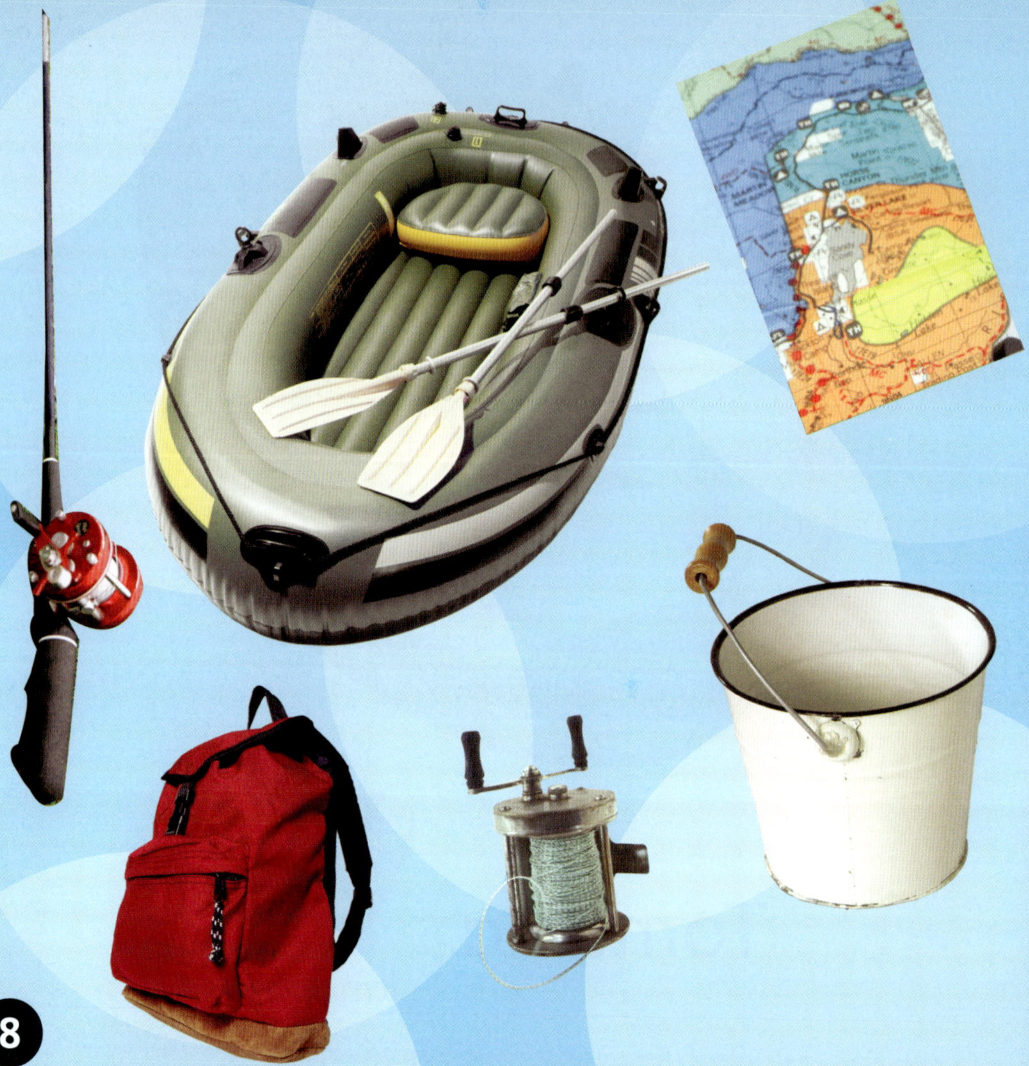

(clockwise from tl)fStop/SuperStock, Steve Wisbauer/Stockbyte/Getty images,